JN038376

日本一おいしい ソト呑みレシピ

自分をもてなす至福の88品

ぼっち女camp

はじめに

酔い子のみなさんこんにちは、こんばんは。

ぼっち女campと申します。

２冊目です。

ただキャンプ場で好きなものを作って好き勝手食べてソト酒を呑んでいただけの、しがないぼっち女がレシピ本を出版することになりました。

人生って何が起こるか本当にわかりませんね。


前作『日本一おいしいソロキャンプ』は半分がキャンプ、もう半分がレシピ本という配分でしたが、今作『日本一おいしいソト呑みレシピ』はその名の通り総レシピ本です。

わたしが普段食べているちょっとしたおつまみや、今回この本のために頭をひねったレシピが88品。

できるだけ簡単に、手に入りやすい材料でというところにこだわってみました。調味料も手に入りやすく、使い勝手のいいものを。

バルサミコ酢とか買って大さじ１だけ使ってあとどーすんねん…みたいな調味料はできるだけ使わないように…。


調味料や材料の分量はお好みで全然変えちゃってくださいね。

アバウト全然OK、アウトドア料理は結局豪快なのが一番おいしかったりするねん。

こんなわたしが作った、なんてことのないあての数々が、酔い子のみなさまの健やかなる酒呑みライフに少しでもお役に立てればうれしいです。

それでは２冊目『日本一おいしいソト呑みレシピ』の世界へ、行って参れ！

基本の道具と ぼっちの オススメ調味料

わたしが使っている調理道具と調味料を紹介します！　特別なものじゃないけど、こんなのあると便利やで。新しいのいろいろ買うより、好き！使いやすい！ってものをずっと使いたい派。お気に入りのスタメンです。

道具

TAKIBISM
フライパンディッシュ&ハンドル

槙塚鉄工所のもの。フライパンであり皿。かっこいいし、めちゃ使いやすい。中サイズを使ってるよ。

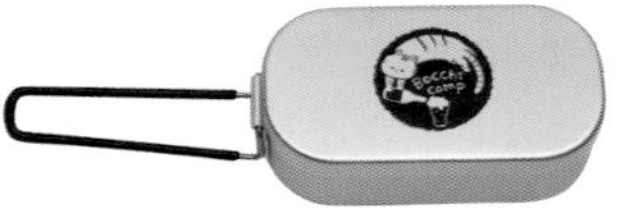

ぼっちメスティン

1冊目『日本一おいしいソロキャンプ』を重版したとき、記念グッズとして作ってもらったロゴ入りのオリジナルメスティン。かわい〜！（販売終了）

いつものカトラリー

ステンレス製の箸とかフォークとか。ちっちゃいピンセットは必需品。

ホットサンドメーカー

パンはあんまり食べないけど使うよ〜。厚揚げとかサンドするよ〜。

スキレット

ホーロー製と鉄製のもの。ちょっとした炒めものならこのサイズでじゅうぶん！

調味料

スパイス

スパイス偉大ですわ。なんか味つけ迷うわーって思ったときの救世主。試してみて～。

岩塩など

シンプルな料理が多いせいもあるけど、塩は大事!! 岩塩か藻塩使うと、ぐっとおいしくなるよ～!

ハーブ（乾燥）

料理にぱらっとするとき用。味気ないなと思っても、ちょっとぱらっとしたらいい感じ。

ハーブ（生）

左からローズマリー、木の芽、大葉。ソトでもお皿に大葉敷く。フレッシュなハーブは香りがいい。

SOTOのトーチバーナー

チーズとか魚炙ったりするのに使う。これあるとすぐに香ばしいおつまみ作れるからオススメやで。

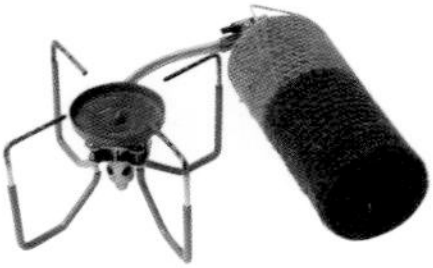

シングルバーナー

これひとつあれば、ソロキャン料理はことたりる。まあ、火使わないレシピも多いけどな…。

おしながき

はじめに …… 2
基本の道具とぼっちのオススメ調味料 …… 4
レシピの読み方 …… 10

とりあえずあて。

スモークサーモンのオレンジソースがけ …… 12
炙り〆サバの香味野菜 …… 14
イカの塩辛とみょうがの和えもの …… 16
ホタテの黄身酢がけ …… 18
ホタテとアボカドのタルタルサラダ …… 20
あまった卵白でねぎキムチチヂミ …… 21
カルボ風半熟たまご …… 22
お好み焼き風たまご焼き …… 24
キムチとたまごのとろとろ炒め …… 26
野菜スティック&アンチョビマヨソース …… 28
赤いサトサラ …… 30
おつまみ長いも …… 32
ミニトマトのポン酢漬け …… 33
呑んべえのキャベツサラダ …… 34
きゅうりの中華和え …… 36
豆もやしユッケ …… 37
にら納豆 …… 38
えのきの明太マヨ …… 39
いちごとクリームチーズのカプレーゼ …… 40
りんごとブルーチーズのおつまみ …… 40

肉・魚の一品。

とろとろサーモン …… 44
サーモンの柚子こしょう漬け …… 46
マグロのレア天ぷら …… 48
漬けマグロのたたきガーリックソース …… 50
マグロとアボカドの磯海苔 …… 52
佐渡島のブリカツ …… 53
甘エビ納豆 …… 54
甘エビの塩レモンユッケ …… 55
イカの沖漬け風 …… 56
ホタテの柚子こしょう味噌漬け …… 58
ホタテのべっこう漬け …… 59
鴨肉のステーキブルーベリーソース …… 60
漬け込みスペアリブ …… 62
つるんと冷しゃぶ香味野菜のせ …… 64
豚バラとトマトのオイスター炒め …… 66
豚こまとねぎのすき焼き …… 67
冷やしピーマンとカレーミンチ …… 68
がりがりスパイシーチキンスティック …… 70
手羽中の甘辛煮 …… 72
鶏レバーのケチャップ煮 …… 74
ささみユッケ …… 75

野菜・豆腐の一品。

ナムルとエビのかき揚げ …… 78
じゃがいもの白味噌バター炒め …… 80
海苔じゃがバター …… 81
なすのガーリックバター焼き …… 82
やみつきズッキーニ …… 84
おつまみ白髪ねぎ …… 85
きのことアンチョビのペペロン …… 86
ねぎ塩しめじ …… 87

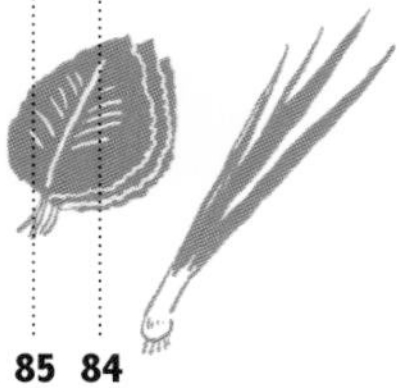

赤たぬき奴 …… 88
白たぬき奴 …… 90
かいわれ卵黄のせ冷奴 …… 92
はんぺんの明太クリームチーズサンド …… 94
ちくわとキムチのごまマヨ和え …… 96
チーちくと大葉の明太和え …… 96

コンビニ・チーズの一品。

みたらしモッツァレラ …… 108
焼きアボカドのチーズのせ …… 109
柚子こしょう味噌クリームチーズ …… 110
ドライフルーツとクリームチーズ …… 110
サバ味噌煮缶のガーリックチーズ焼き …… 112
なすとコンビーフの鉄板おつまみ …… 114
サバ缶とレモンのアヒージョ …… 116
コンビーフとポテサラのスパニッシュオムレツ …… 118
やきとり缶とアボカドのおつまみ …… 119
ピリ辛砂肝の冷製 …… 120
ちくわのチーズお好み焼き風 …… 98
薄揚げのコチュジャン煮 …… 100
カリカリ薄揚げカレースティック …… 102
厚揚げの明太大葉ホットサンド …… 104
カリカリキムチチーズ厚揚げ …… 105
〆サバガリたく …… 122
ししゃもの天ぷら …… 124
コンビニおでんの天ぷら …… 126
豆腐とアスパラの昆布〆 …… 128
残り昆布のチップス …… 130
冷やしトマトの白だし漬け …… 131
キムチとじゃこのひとくち唐揚げ …… 132
サラダチキン棒棒鶏 …… 134
マグたく納豆 …… 136
ぼっち流かくやのこうこ …… 137

腹ごしらえ。

究極のＴＫＧ改……140
ホタテの漬け茶漬け……142
簡単牛丼……144
焼きカレー……146
豚キムチうどん……148
ぼっち流オイスター焼きそば……150
ワンポットたまごとじにゅうめん……152
二日酔いに！アサリと生姜のスープ……154

◎COLUMN

ぼっち漫画

１「行って参れ」……42
２「愛猫」……76
３「真冬のキャンプ」……106
４「帰っても」……138
５「レアキャラ」……156

おわりに……157
ＹｏｕＴｕｂｅ連動企画　酔い子Ｑ＆Ａ……158

STAFF

装幀　千葉佳子（ｋａｓｉ）
挿絵　オカヤイヅミ
写真　原田真理
ＤＴＰ　Ｇ－ｃｌｅｆ
校閲　Ｖｅｒｉｔａ
文・調理補助　吉川愛歩
編集　渡辺有祐（フィグインク）
佐々木健太朗（ＫＡＤＯＫＡＷＡ）

SPECIAL THANKS

酔い子のみなさま

レシピの読み方

とりあえず
ホタテは
買っとこ！

レモンの酸味で味が引き締まる

ホタテとアボカドのタルタルサラダ

材料

アボカド…½個
ホタテ（刺身用）…50g
タルタルソース（市販）…大さじ1
レモン汁…小さじ½
黒こしょう、オリーブオイル…お好み

作り方

1 アボカドは皮をむき、ホタテとともにサイコロ状にカットする。
2 1にタルタルソース、レモン汁を加えて、よく混ぜる。
3 黒こしょうとオリーブオイルをかける。

ぼっちのつぶやき
キリッと冷えた白ワインをキュッといきたいですね！（涎）

10 min.

20

材料

だいたいわたしが食べる1人分の量で作ってます。大さじ1は15㎖、小さじ1は5㎖。少々は親指と人差し指の2本でつまんだ量が目安。適量は味見ながら好みの感じでね。勘と自分の「おいしい」を頼りに!

作り方

野菜は基本的に水で洗ってから使っています。皮をむいたりタネ取ったり、そこも臨機応変にお願いします!!

時計

目安になる時間なので、あくまでも参考までに。ソト調理は風強かったりすると火加減変わったりするし…、目安でね。

アイコン

調理法の種類をアイコンで表示してるよ。

 和えるだけ

 シェラカップ

 一晩寝かせる

 ホットサンドメーカー

 フライパン、スキレット

 焚き火

 鍋、小鍋、メスティン

 トーチバーナー

ぼっちのつぶやき

料理を作るポイントでありながら、ぼっちのつぶやき的な。楽しんで読んでもらえたらうれしいです。

とりあえずあて。

キャンプ場着いた！　設営終わった！
はいお酒！
ってなってるときに作りたいやつ。
和えるだけでいいあてとか、
家で漬けてくと味しみて
おいしくなるつまみレシピなど。
覚えとくと、すぐ呑めるよ〜！

着いてすぐ呑めるサクッとレシピ

スモークサーモンのオレンジソースがけ

材料

マーマレード…小さじ1
ポン酢…大さじ1
オリーブオイル…大さじ1
スモークサーモン（スライス）…１００g
黒こしょう…お好み

作り方

1 マーマレードとポン酢を混ぜる。少しずつオリーブオイルを加えながら混ぜて乳化させ、ソースを作る。

2 皿にスモークサーモンを並べて、ソースをかける。お好みで黒こしょうを振る。

ぼっちのつぶやき

乳化とかカッコつけて書いてますケド、要は混ざれば何でもええねん。白身の魚でもおいしい。

10 min.

マーマレードが
甘ずっぱ！

薬味たっぷりで
シャキシャキ

しっかりめに炙って香ばしく

炙り〆サバの香味野菜

材料

玉ねぎ…1/8個
〆サバ…半身分
みょうが…1個
大葉…1枚
生姜（すりおろし）…お好み
しょうゆ…大さじ1
青ねぎ（小口切り）…お好み
レモン（スライス）…1枚

作り方

1 玉ねぎは薄切りにし、平たい皿に並べてしばらく空気にさらす。

2 〆サバは、バーナーで炙り、好みの薄さに切る。みょうがと大葉は千切りに、生姜はしょうゆと混ぜる。

3 すべての材料を混ぜて皿に盛り、青ねぎを散らし、レモンを添える。

ぼ つちのつぶやき

〆サバあっという間にぺろーんと平らげちゃいます。

15 min.

お好きな方は柚子こしょう多めで

イカの塩辛とみょうがの和えもの

材料

みょうが…1個

a
- イカの塩辛…50g
- 柚子こしょう…お好み
- ごま油…小さじ1

糸唐辛子…適量

作り方

1. みょうがは根元を少し切り、千切りにする。
2. シェラカップに**a**を入れて、**1**と混ぜる。
3. 器に盛り、糸唐辛子をのせる。

ぼっちのつぶやき

大丈夫。みょうが食べる前から忘れ物ばっかしてるし。

5 min.

はよ乾杯しよ〜！

湯せんしてしっかり温めるととろんとなるよ

ホタテの黄身酢がけ

材料

a
- 卵黄…1個分
- みりん…大さじ1
- 砂糖…小さじ1
- 塩…ひとつまみ

- 酢…大さじ1
- ホタテ（刺身用）…100g
- 山椒の葉…適量

ぼっちのつぶやき

黄身酢を家で作っていくと、現地でホタテにかけるだけ。

作り方

1 シェラカップに**a**を入れて、よく混ぜる。

2 スキレットでお湯を沸かし、**1**のシェラカップを湯せんしながら混ぜる。

3 温まったら酢を入れ、さらにかき混ぜる。とろみが出てきたら、湯せんからおろして冷ます。

4 ホタテを皿に盛り、**3**をかけ山椒の葉をのせる。

15 min.

ソト呑み料亭
開店〜！

レモンの酸味で味が引き締まる

ホタテとアボカドのタルタルサラダ

材料

アボカド…½個
ホタテ（刺身用）…50g
タルタルソース（市販）…大さじ1
レモン汁…小さじ½
黒こしょう、オリーブオイル…お好み

作り方

1 アボカドは皮をむき、ホタテとともにサイコロ状にカットする。
2 1にタルタルソース、レモン汁を加えて、よく混ぜる。
3 黒こしょうとオリーブオイルをかける。

ぼっちのつぶやき
キリッと冷えた白ワインをキュッといきたいですね！（涎）

10 min.

卵黄レシピとセットで作って

あまった卵白でねぎキムチチヂミ

材料

何かとあまりがちな卵白…1個分

a
- 青ねぎ（小口切り）…ひとつかみ
- キムチ…50g
- シュレッドチーズ…大さじ1
- 片栗粉…大さじ1

ごま油…大さじ1

作り方

1 フォークで卵白をよーく溶きほぐす。

2 1にaを加え、ダマがなくなるまでしっかり混ぜ、生地を作る。

3 フライパンにごま油をひき、生地を流し入れて両面をこんがり焼く。

ぼっちのつぶやき

100均とかに売ってるちっちゃい泡立て器があると便利ですよ〜！

マヨ&牛乳で
さっぱりやのに濃厚〜！

ベーコンは思いっきりカリカリに

カルボ風半熟たまご

材料

ベーコン…1枚

a
- マヨネーズ…大さじ1
- にんにく（すりおろし）…少々
- 牛乳…大さじ½

半熟茹でたまご…2個

黒こしょう…お好み

作り方

1 ベーコンは細切りにして、フライパンでカリカリに炒める。**a**は混ぜ合わせる。

2 盛りつけるときにたまごが滑らないよう、白身の側面を薄く切り落とし（**A**）、半分に切る。

3 皿にたまごを並べて**1**をかけ、黒こしょうを振る。

ぼっちのつぶやき

半熟茹でたまごは家で作っとくと楽！ 冷蔵庫からたまごを出したら、熱湯で8分茹でて。

A

結局
お好みソースが勝つー！
THERMOS

ぐるぐる混ぜてふわっと作って

お好み焼き風たまご焼き

材料

たまご…2個

a
- 紅生姜…10g
- 天かす…10g
- 青ねぎ（小口切り）…お好み

サラダ油…小さじ1

お好みソース、マヨネーズ、青海苔…お好み

作り方

1 たまごは溶きほぐし、**a**を加える（**A**）。

2 スキレットに油をひき、**1**を流し入れる。スクランブルエッグの要領で、たまごを混ぜながら焼く。

3 たまごが固まってきたら2つに折りたたみ、ソースとマヨネーズ、青海苔をかける。

ぼっちのつぶやき

関西人ゆえお好み焼き味に弱い。この本だけで2レシピもあるやん。スキレットはテフロンがオススメよ。

ごま油がいいと思う!

キムチとたまごの
とろとろ炒め

材料

ごま油…小さじ1
キムチ…50g
たまご…1個
青ねぎ（小口切り）…お好み

作り方

1 フライパンにごま油をひき、キムチを炒める。

2 溶いたたまごを加え、半熟になるまで炒める。

3 青ねぎを散らす。

ぼっちのつぶやき

わたしは備後漬物の旨えびキムチが好き。ギャル曽根さんのやつ…知ってる?

ささっと できるよ〜

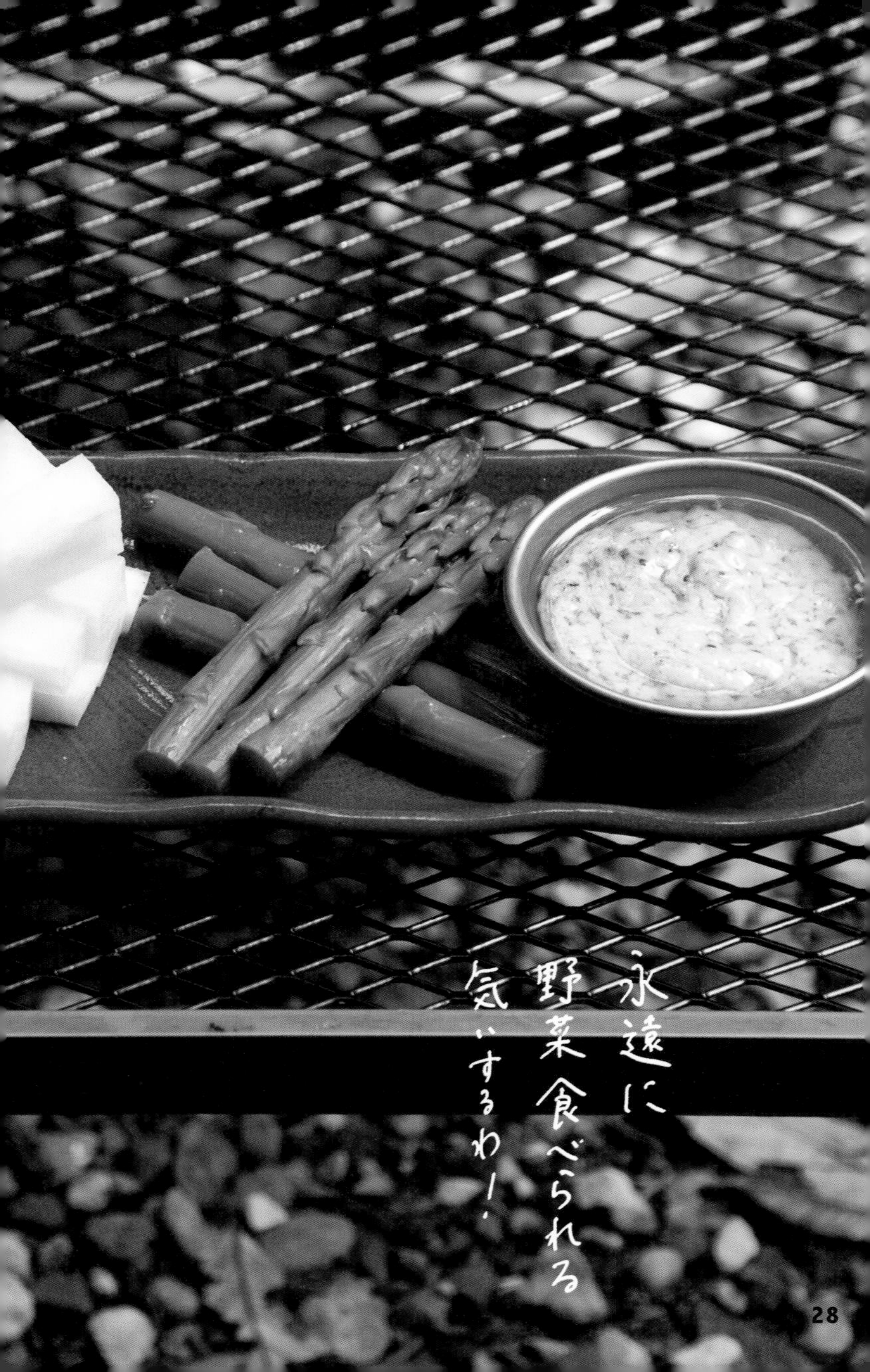
永遠に
野菜食べられる
気いするわ！

シェラカップとかで作っちゃってもいいかも

野菜スティック&アンチョビマヨソース

材料

野菜（大根やアスパラガスなど）…お好み
オリーブオイル…大さじ1
にんにく（すりおろし）…お好み
アンチョビ…3枚
牛乳…小さじ1
マヨネーズ…大さじ2
黒こしょう…お好み

作り方

1 野菜はお好みの長さにカットし、スティック状にする。

2 小鍋にオリーブオイルをひき、にんにくとアンチョビを炒める。香りが出たら、牛乳を加える。

3 沸騰寸前になったら火を止め、マヨネーズと黒こしょうを加えて混ぜる。

ぼ っちのつぶやき

バーニャカウダっぽい何かです。アンチョビは100均でも売ってます。便利！

ちょいピリ辛で
ハイボールがすすむ！

里いも茹でるの時間かかるけど食べたい

赤いサトサラ

材料

里いも…3個
ベーコン…1枚

a
マヨネーズ…大さじ2
コチュジャン…小さじ1
砂糖…小さじ1
ごま油…小さじ½
塩、こしょう…少々

糸唐辛子…あれば

作り方

1 里いもは、皮にぐるりと一周切れ目を入れてから小鍋で茹でる（**A**）。

2 ベーコンは細切りにし、スキレットでカリカリになるまで炒める。

3 茹であがった里いもの皮をむき（**B**）、フォークでざっくり潰す。

4 **3**にベーコンと**a**を加えて混ぜる。糸唐辛子をのせる。

A

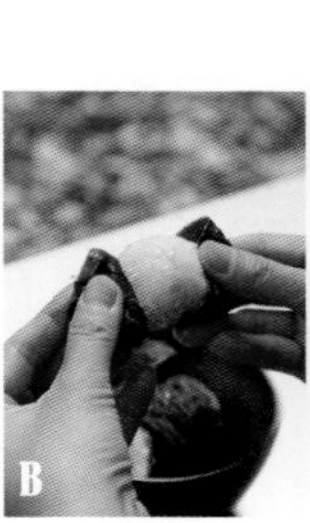
B

ぼっちのつぶやき

皮に切れ目を入れてから茹でると、ちゅるんとむきやすいよー。動画で登場したサトサラの別バージョン。誰かチャミスル買ってきてぇー。

皮むきさえ乗り越えれば！

おつまみ長いも

材料

長いも…5cm
大葉…1枚
塩昆布…5g
白だし…大さじ1

作り方

1 長いもは皮をむいて一口大に切り、大葉は千切りにする。

2 保存袋にすべての材料を入れてよく揉み、15分くらい置く。

ぼ
つちのつぶやき

屋外だと素手で長いもを触る勇気がどうしても出ない2023。ビニール袋推奨……！

湯むきがんばってやー

ミニトマトのポン酢漬け

材料

ミニトマト…1パック
ポン酢…大さじ5
はちみつ…大さじ1

作り方

1 ミニトマトは、爪楊枝でお尻に穴をあけ、沸騰したお湯にさっとくぐらせて、皮をむく。

2 **1**とポン酢、はちみつを保存袋に入れ（**A**）、一晩冷蔵庫で寝かせる。

A

ぼっちのつぶやき

家で作って持っていく系つまみ。クーラーボックスに入れといて、キンキンに冷やすと優勝やで。

酔い子
今日も
いらっしゃいませー

きゅきゅっと揉んで馴染ませて

呑んべえのキャベツサラダ

材料

キャベツ…2枚
青ねぎ…3本
ごま油…大さじ½
にんにく（すりおろし）…1片
塩、うま味調味料…少々
海苔…お好み

作り方

1 キャベツは千切りに、青ねぎは5㎝の長さに切る。
2 保存袋に海苔以外の材料を入れて、よく揉む。
3 器に盛り、ちぎった海苔をのせる。

ぼっちのつぶやき

飲み会でサラダ頼まない系女子です（女子じゃないかもしれません）。

一品目でもいいし
途中さっぱりしたい
ときにもいいし

ざっと入れて持ってけるつまみ

きゅうりの中華和え

材料

きゅうり…$\frac{1}{2}$本
塩昆布…ひとつまみ
ごま油…小さじ$\frac{1}{2}$
酢…大さじ1
赤唐辛子（輪切り）、
白ごま…お好み

作り方

1 きゅうりは乱切りにする。
2 保存袋にすべての材料を入れて、よく揉み、15分くらい置く。

ぼっちのつぶやき

味が馴染むまでしばしお待ちを！ キンキンに冷やすとおいしい。紹興酒くれー

25 min.

オイスターソースで深い味に

豆もやしユッケ

材料

豆もやし…1/3袋

a
- しょうゆ、ごま油、オイスターソース…小さじ1/2
- にんにく(すりおろし)…お好み

卵黄…1個分

作り方

1 豆もやしはさっと茹でて、水気を切る。

2 **1**に**a**をかけ、よく混ぜる。

3 器に盛って卵黄をのせる。

ぼっちのつぶやき

わたしってやっぱりユッケ好きですよね(っていうか卵黄の登場回数な)。

にらはさっと炒めてね！

にら納豆

材料

にら…$\frac{1}{3}$束
ごま油…小さじ1
納豆（たれも）…1パック

作り方

1 にらは細かく刻む。フライパンにごま油をひき、シャキシャキ感が残る程度に炒める。

2 納豆は付属のたれを入れて混ぜる。

3 **1**と**2**を混ぜる。

ぼっちのつぶやき

こういうの見ると絶対卵黄のせたくなる病。ラー油もうまい。

15 min.

居酒屋のお通し風

えのきの明太マヨ

材料

えのき…½袋
明太子…30g
マヨネーズ…大さじ1

作り方

1. えのきは根元を切ってほぐし、さっと茹でる。ざるにあげたら搾って水気をよく切り、短く切る。
2. 明太子は皮を取り除いてほぐし、**1**とマヨネーズを加えてよく混ぜる。

ぼっちのつぶやき

テキストの倍量でもぺろっといけちゃうから、多めに作ってもいい！

デザートであり
おつまみであり！
ワイン用に、
ちょっと
おしゃれなやつ

旬になったら思い出して〜

いちごとクリームチーズのカプレーゼ

材料

いちご…5個
クリームチーズ…50g
塩、黒こしょう…お好み
オリーブオイル…大さじ1

作り方

1. いちごは洗ってへたを取り、4等分に切る。
2. いちごを器に盛り、クリームチーズを手でちぎって入れる。
3. 塩、黒こしょう、オリーブオイルをかける。

ぼっちのつぶやき

甘いのが好きな人は、はちみつかけるのもオススメ。意外にもウイスキーに合うよ。

10 min.

はちみつと黒こしょうはお好きな感じで

りんごとブルーチーズのおつまみ

材料

りんご…½個
ブルーチーズ…50g
はちみつ…大さじ2
黒こしょう…お好み

作り方

1. りんごは薄めにスライスする。
2. 1にブルーチーズをちっちゃくちぎってのせ、はちみつと黒こしょうをかける。

ぼっちのつぶやき

チーズはドルチェよりも、塩辛いピカンテのほうがりんごと相性よくてオススメ。

10 min.

「行って参れ」

ぼっち漫画・1

肉・魚の一品。

和えるだけのお通しメニューから、
メインに食べたいガッツリつまみまで、
魚介とお肉でまとめた一品。
キャンプ場のそばで
新鮮魚介探すのも楽しいし、
これ作ったら何のお酒合わそ〜って
考えるのも好き。

ちょっと馴染ませといてもおいしい

とろとろサーモン

材料

サーモン（刺身用）…100g
ごま油…大さじ1
塩…ふたつまみ
白ごま…お好み
青ねぎ（小口切り）…お好み

作り方

1 シェラカップに、スライスしたサーモンとごま油、塩を入れて和える。

2 お皿に盛り、白ごまと青ねぎを散らす。

ぼっちのつぶやき

焼肉屋の生レバー風の味つけやねん。生肉がダメなら魚で代用や！

5 min.

やっぱ
サーモンしか
勝たん!!

もはや料理っていうかだけど最高

サーモンの柚子こしょう漬け

材料

しょうゆ…大さじ1
柚子こしょう…小さじ½
サーモン（刺身用）…100g

作り方

1 しょうゆに柚子こしょうをとく。

2 保存袋に**1**とスライスしたサーモンを入れて揉み、30分くらい置く。好みで柚子こしょう（分量外）をのせる。

ぼっちのつぶやき

サーモンと柑橘の相性がホントにいい。さわやか！爽快。

サーモン二段活用

このレア感
たまらないでしょ

揚げ時間要注意！

マグロのレア天ぷら

材料

マグロ（刺身用）…1サク
塩、こしょう…適量
焼き海苔…2枚
大葉…5枚
天ぷら粉…大さじ5
呑んでたビールか水
…60mℓ
サラダ油…適量

作り方

1 マグロに塩、こしょうを振る。メスティンに入る長さに切り、寿司の細巻きの中身くらいの細さに切る。

2 焼き海苔と大葉でマグロを巻く（**A**）。

3 天ぷら粉にビールまたは水を混ぜて衣を作り、**2**に衣をつける（**B**）。

4 180℃に熱した油で30秒ほど揚げる。食べやすい大きさに切る。

ぼっちのつぶやき

料亭風。あくまで風やから。レアに仕上げたいから揚げるのは一瞬！　衣がかりっとするまでね。

炙りは
ええねえ～

しっかり漬け置くと味がしみる

漬けマグロのたたき ガーリックソース

材料

マグロ（刺身用）…1サク

a
- しょうゆ、みりん、酒 …大さじ3
- にんにく（スライス）…1片

作り方

1 保存袋にマグロとaを入れ、一晩寝かせる（A）。

2 キャンプ場に着いたらフライパンか炭火で、マグロの表面をさっと炙る。

3 鍋に、保存袋に残ったたれとにんにくを入れて加熱し、沸騰させてソースを作る。

4 マグロをお好みの厚さに切って皿に盛り、ソースをかける。

ぼっちのつぶやき

漬けにしてからステーキにするのがミソやで。贅沢〜！

A

わさびを入れるとバランス最強

マグロとアボカドの磯海苔

材料

マグロ（刺身用）…50g
アボカド…½個
a
海苔の佃煮…大さじ1
しょうゆ…小さじ½
わさび…お好み

作り方

1 マグロとアボカドは、サイコロ状に切る。
2 1とaを和える。

ぼっちのつぶやき
海苔のおかげでアボカドストライキ（変色）も怖くない！アボカドもう半分はＰ20とかＰ119見て〜。

5 min.

衣に色がついたらできあがり

佐渡島のブリカツ

材料

- ブリ（刺身用）…100g
- 塩、こしょう…適量
- 麺つゆ（ストレート）…50mℓ
- 砂糖…小さじ½
- a
  - 小麦粉…大さじ2
  - たまご…1個
  - 水…50mℓ
- パン粉…50g
- サラダ油…適量

作り方

1 ブリは食べやすい大きさに切って、塩、こしょうを振る。鍋に麺つゆと砂糖を入れて温める。

2 シェラカップに**a**を入れて混ぜる。

3 **1**のブリを**2**につけてから、パン粉をつける。

4 180℃に熱した油でブリをさっと揚げる。食べる直前につゆをかける。

ぼっちのつぶやき

佐渡島に帰りたいと毎日思っている（関西出身）。

和えるだけ簡単の元祖レシピ

甘エビ納豆

材料

甘エビ（刺身用）…1パック
みょうが…½個
納豆（たれも）…1パック
青ねぎ（小口切り）…お好み

作り方

1 甘エビは、殻をむいて尻尾と頭を取る。みょうがは、粗めのみじん切りにする。

2 納豆は付属のたれと混ぜ、**1**と和える。青ねぎを散らす。

ぼっちのつぶやき
たぶん初めてアップした動画で作ったやつ。なつかし！

さわやかシュワシュワが合う味

甘エビの塩レモンユッケ

材料

甘エビ（刺身用）…1パック

a
- 塩…ひとつまみ
- レモン…1切れ
- ごま油…少々

作り方

1 甘エビは、殻をむいて尻尾と頭を取る。

2 甘エビにaをよく混ぜる。

ぼっちのつぶやき

素材の味活かし系だから、塩は岩塩か藻塩がおいしい。卵黄のせは味が強すぎるのでオススメしない。

なイカ
たらやる
酔い子
酔い

きれいに盛りつけられるとうれしい

イカの沖漬け風

材料

a
- しょうゆ…大さじ1
- みりん、酒…小さじ1

イカそうめん…1パック

卵黄…1個分

作り方

1 鍋に**a**を入れて一度沸騰させ、アルコールを飛ばして粗熱を取る。

2 イカそうめんと**1**を保存袋に入れ、30分くらい置く。

3 皿に**2**を盛り、卵黄をのせる。

ぼっちのつぶやき

いつか自分で釣ったアオリイカで、作ってみたいんよな〜、これ。

45 min.

時間がおいしくしてくれる

ホタテの柚子こしょう味噌漬け

材料

ホタテ（刺身用）…100g
白味噌（液体）…大さじ1
柚子こしょう…お好み

作り方

1 保存袋にホタテを入れ、白味噌と柚子こしょうを混ぜたものを加えて揉む（A）。

2 一晩寝かせる。

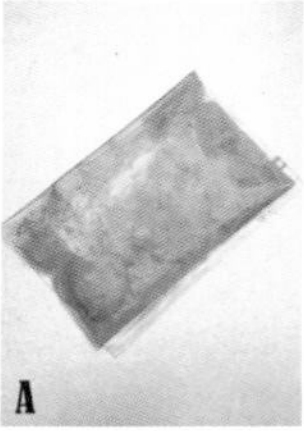
A

ぼっちのつぶやき

ホタテのレシピ何品目？　もうわからん(ホタテ好き)。家で作ってキャンプ当日は食べるだけ。

最後のバーナーがいい仕事する

ホタテのべっこう漬け

材料

a
しょうゆ、みりん、砂糖、日本酒
…大さじ2

ホタテ（刺身用）
…50g

作り方

1 鍋にaを入れて火にかけ、沸騰させて粗熱を取る。

2 保存袋にホタテと1を入れ、冷蔵庫で一晩寝かせる（**A**）。

3 食べる直前に、バーナーなどでホタテの表面を軽く炙る。

ぼっちのつぶやき

煮詰めたタレをかけてもうまい。貝柱を炙らずにおれる酒呑みって存在するんですか？

そりゃワイン
おかわりですやん

鉄フライパンがミソ!

鴨肉のステーキブルーベリーソース

材料

鴨肉…200g
塩、こしょう…適量
ブルーベリージャム
…大さじ2
呑んでた赤ワイン
…大さじ2
しょうゆ…少々
バター…10g

作り方

1 鴨肉は、表面に格子状に切り込みを入れ、塩、こしょうを振って揉む。鉄フライパンをかんかんに熱し、皮目から焼く(**A**)。

2 肉が焼けたら、アルミホイルに包んで休ませておく(**B**)。

3 そのままの鉄フライパンに、ブルーベリージャムと赤ワインを入れて沸騰させる。最後にしょうゆとバターで香りづけしたら(**C**)、鴨肉を戻して薄切りにし、皿に盛ってソースをからめる。

A

B

C

ぼっちのつぶやき
行ってお参りください…ってなる系食材、鴨。意外と売ってる。あるところにはある。

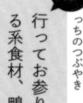

炭火で焼くとごちそうよ

漬け込み スペアリブ

材料

豚スペアリブ…200g

a
- マーマレード…大さじ1
- しょうゆ、みりん、酒…大さじ1
- ケチャップ…小さじ1
- にんにく（すりおろし）…1片

ぼっちのつぶやき

2までを家で〜！ 食べるのも作るのもワイルドにいくのがオススメ！

作り方

1 スペアリブは、フォークで骨のまわりを刺す。

2 保存袋にスペアリブと**a**を入れて揉み（**A**）、一晩寝かせる。

3 キャンプ場に着いたら炭火で焼き、がっつく。

ちょっと
焦げても
ええやんっ。

片栗粉つけると
ぷるぷるやねん

ちょっと工程多いけど簡単やから

つるんと冷しゃぶ香味野菜のせ

材料

豚こま肉…100g
酒…小さじ1
塩…ひとつまみ
片栗粉…小さじ2
みょうが…1個
大葉…1枚
かいわれ大根…½パック
ポン酢…お好み
生姜（すりおろし）…1片

作り方

1 豚肉を保存袋に入れ、酒と塩を加えてよく揉む。

2 1に片栗粉を加え、袋を振って薄く衣をつける（肉がバラバラになるように）。

3 鍋にお湯を沸かして豚肉を茹で、茹であがったら氷水に入れて冷やしておく（A）。

4 みょうがと大葉は千切り、かいわれ大根は短くカット。

5 皿に豚肉、野菜を盛り、ポン酢に生姜を混ぜたたれをかける。

A

ぼっちのつぶやき

豚肉を茹でるところまでを家でやってくるととても楽ちん。

にんにくは千切りがいいよ

豚バラとトマトのオイスター炒め

材料

豚バラ肉（スライス）…100g
トマト…1個
ごま油…小さじ1
にんにく（千切り）…1片
塩、こしょう…適量
オイスターソース…大さじ1

作り方

1 豚肉は半分に切り、トマトはくし切りにする。

2 フライパンにごま油をひき、にんにくを炒める。

3 豚肉を加え塩、こしょうを振りつつ炒める。肉の色が変わってきたら、トマトを入れる。

4 トマトが温まったら、オイスターソースを加えて炒める。

ぼっちのつぶやき

最後たまごでとじてもおいしいです！（またたまご！）

ねぎをこんがり焼くのがポイント

豚こまとねぎのすき焼き

材料

白ねぎ…15㎝の長さ
サラダ油…小さじ1
豚こま肉…100g
a しょうゆ、みりん、酒、砂糖…大さじ1
たまご…1個

作り方

1 白ねぎは三等分に切り、油をひいたスキレットで色がつくまで焼く。

2 白ねぎの横で豚肉も焼き、aを加えて煮る。

3 火が通ったら、溶きたまごにつけて食べる。

ぼっちのつぶやき
市販のすき焼きのたれを使うともっと楽。

生ピーマンが
無限よ

もったりするくらいまで炒めて

冷やしピーマンとカレーミンチ

材料

- ピーマン…3個
- 玉ねぎ…¼個
- カレールー…1片
- サラダ油…小さじ1
- 合いびき肉…100g
- 塩…少々
- 黒こしょう…お好み
- **a**
  - 中濃ソース、みりん…大さじ1
  - 水…50mℓ

作り方

1 ピーマンは縦半分に切り、タネを取って氷水に浸して冷やす。

2 玉ねぎはみじん切りに、カレールーは刻んでおく。

3 フライパンに油をひいて玉ねぎを炒め、しんなりしたらひき肉を投入。

4 塩と黒こしょうを振り、肉の色が変わったらカレールーと**a**を加える。全体にカレールーが行き渡って、水分が飛ぶまで炒める。

ぼっちのつぶやき

冷やしたピーマンにカレーミンチをのせて、パリッといただく。真夏に軽めのビールと流し込みたい!!

お酒すすむ
予感しかしない

揚げたらすぐ食べたい

がりがりスパイシーチキンスティック

材料

鶏むね肉…200g

a
- 鶏ガラスープの素…小さじ1
- にんにく…1片
- 酒…小さじ1
- クミンパウダー…小さじ½

片栗粉…55g

呑んでたビールか水…大さじ2

サラダ油…適量

作り方

1 鶏肉は、細長くスティック状に切る。

2 保存袋に鶏肉と**a**を入れて揉み（**A**）、しばらく置く。

3 別の保存袋に片栗粉とビールまたは水を入れ（**B**）、固まってきたら揉みほぐして、ぽろぽろのそぼろ状にする（**C**）。**2**を入れてまぶす。

4 油を180℃に熱し、3分ほど揚げる。

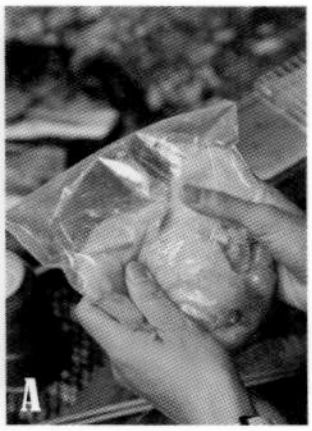

ぼっちのつぶやき

片栗粉のザクザクがめちゃくちゃおいしいでしょ。口の中ズタズタ案件。ビールで消毒や！

煮込みながら呑んで待とー

手羽中の甘辛煮

材料

水…100mℓ
a しょうゆ、酒、砂糖…大さじ3
手羽中…5本
白ごま…お好み

作り方

1 鍋にaを入れて沸騰させ、手羽中を加えて煮る。

2 煮汁が半分くらいになるまで煮込み、白ごまを振る。

ぼっちのつぶやき

煮物って実は手順そんなにないよね。見た目凝ってそうだけど、案外あっという間にできちゃうのよ。

おいしいに
決まってるやん
THERMOS

お子さまも好きな味つけ

鶏レバーのケチャップ煮

材料

鶏レバー…100g
生姜、にんにく（すりおろし）…1片
片栗粉…大さじ1
サラダ油…小さじ1
玉ねぎ（薄切り）…1/4個
水…50mℓ
a
ケチャップ…大さじ2
砂糖…小さじ1/2
中濃ソース…小さじ1
パセリ…適量

作り方

1 鶏レバーは30分ほど牛乳（分量外）に浸す。一度水で洗い、水気をしっかり拭いたら、生姜、にんにくと一緒に保存袋に入れる。

2 **1**に片栗粉を加え、全体にからめる。

3 鍋に油をひき、玉ねぎを炒める。しんなりしたら**2**を加え、さっと炒める。

4 **a**を加え、煮汁がこってりしてくるまで10分ほど煮る。器に盛り、パセリをのせる。

ぼ　つちのつぶやき

一瞬材料多っ！ってなるけど意外と簡単だったりする。

パサパサしない作り方

ささみユッケ

材料

鶏ささみ…2本

a
- 酒…小さじ1
- 砂糖…小さじ1
- 塩…ひとつまみ

b
- 焼肉のたれ…大さじ1
- ごま油…小さじ½
- にんにく（すりおろし）…お好み

卵黄…1個分

白ごま…お好み

作り方

1 ささみに**a**をすり込み、5分置く。

2 沸騰したお湯にささみを入れたら、すぐに火を止めて蓋をし、7〜10分ほど放置する。

3 ざるにささみをあげ、筋を取りながら手でさく。

4 ささみに**b**を和える。皿に盛り、卵黄と白ごまをのせる。

ぼっちのつぶやき

ささみは下ごしらえするだけでしっとりになるよ〜。砂糖を入れても甘くならんのよ。

「愛猫」

ぼっち漫画・2

私の家には飼いはじめたばかりの兄妹猫がいます
こめ
むぎ
ソワ
ソワ
ソワ
ソワ
あああ……
ポワワワ
ポワワワ
あああああああ…
Amazin
見守りカメラ
カートに入れる
ポチ
ニャー

野菜・豆腐の一品。

野菜と豆腐でヘルシー！ってワケでもない（笑）。
キャンプのときくらい、
いろいろ気にしないで
好きなもんを食べるのがぼっち流。
見た目地味だけどうまっ！
みたいなのもアリ。
焚き火や自然見ながらちまちま食べたり。
サイコーやな。

ソト揚げって
ほんまおいしい

おたまからするっと油に

ナムルとエビのかき揚げ

材料

- 天ぷら粉…40g
- 呑んでたビール…50mℓ
- ナムル（市販・3種類セットのもの）…1個
- むきエビ…50g
- サラダ油…適量

作り方

1 天ぷら粉をビールで溶いて、衣を作る。ナムルとむきエビを混ぜ、衣と和える（**A**）。

2 油を170℃に熱したら、**1**をおたまですくい、油の中へ滑らせるように落とし入れる。きつね色になるまで揚げる。

ぼっちのつぶやき

油に入れたあと、バラバラにならないように極力触らないのがコツ。レシピの原案は行きつけのバーのマスター。天才か？

A

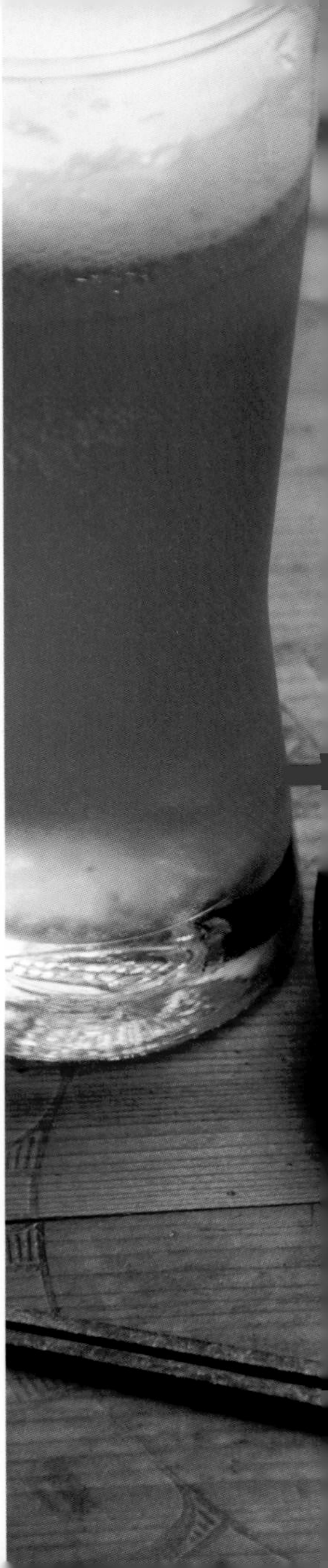

茹でてからパッと炒める

じゃがいもの白味噌バター炒め

材料

じゃがいも…2個
バター…10g
マヨネーズ…大さじ1
白味噌(液体)…小さじ1
青ねぎ(小口切り)…お好み

作り方

1 じゃがいもは皮をむき、串がすっと通るまで茹で、サイコロ状に切る。

2 フライパンでバターを溶かし、**1**を炒める。

3 マヨネーズと白味噌をからめ、青ねぎを散らす。

ぼっちのつぶやき

見た目な!! それな!! でも味は最高なんよ。食べたらびっくりするで。

20 min.

わさびちょびっとつけても

海苔じゃがバター

材料

じゃがいも…1個
海苔の佃煮…大さじ1
バター…10g

作り方

1 じゃがいもをアルミホイルに包んで焚き火に放り込む（A）。

2 じゃがいもに火が通ったら切り込みを入れて、海苔の佃煮とバターをのせる。

ぼっちのつぶやき

いつぞやのキャンプでいもが炭と化したなぁ…（遠い目）。

とろっとなす〜!!
酒〜!!

とりあえずの一品にも楽

なすのガーリックバター焼き

材料

なす…1本
バター…20g
にんにく（すりおろし）…1片
しょうゆ…小さじ1
青ねぎ（小口切り）…お好み

作り方

1 なすはヘタを取り、縦にスライスする。
2 フライパンでバターを溶かし、にんにくを入れてからなすを両面焼く（A）。
3 なすが焼けたら、しょうゆをまわしかけ、青ねぎをかける。

ぼっちのつぶやき

バターは多いほどうまい。背徳感は極上のスパイス。

A

シャキッと生で食べる

やみつきズッキーニ

材料

ズッキーニ…½本
ごま油…小さじ1
塩昆布…10g
白ごま…お好み

作り方

1 ズッキーニは薄くスライスして、保存袋に入れる。

2 残りの材料も入れて揉み、10分ほど置いて味を馴染ませる。

ぼっちのつぶやき

生のズッキーニ！　きゅうりより好きです。でもきゅうりも好きです。結局どっちも好きです。

15 min.

千切りがんばって！

おつまみ白髪ねぎ

材料

白ねぎ…1本

a
- ごま油…大さじ1
- 豆板醤…小さじ$\frac{1}{4}$
- うま味調味料…ひとつまみ
- 塩、こしょう…適量
- 白ごま…お好み

作り方

1 白ねぎは5cmほどの長さに切る。外側の白いところだけを取り、繊維に沿って細く千切りする。10分ほど水にさらす。

2 **1**の水気をしっかり切り、**a**と和える。

ぼっちのつぶやき

白髪ねぎがめっちゃめんどくさいけど、表面の薄皮をむいてからやると白髪ねぎの仕上がりがキレイ。

香ばしく炒めて

きのことアンチョビのペペロン

材料

にんにく…1片
アンチョビ…6枚
しめじ、えのき、
舞茸など…各½パック
オリーブオイル
…大さじ3
赤唐辛子（半分に切ってタネを取る）…1本
黒こしょう…お好み

作り方

1 にんにくとアンチョビはみじん切りに、きのこは、石づきや根元を取ってほぐしておく。

2 フライパンでオリーブオイルを熱し、にんにくとアンチョビ、赤唐辛子を入れて香りを出す。

3 きのこを炒め、黒こしょうを振る。

ぽっちのつぶやき

塩味はアンチョビのみ。きのこの種類を変えてもおいしい。

ねぎのシャキシャキとしめじと

ねぎ塩しめじ

材料

しめじ…½パック
白ねぎ…10cm

a
- 生姜（すりおろし）…1片
- サラダ油…大さじ2
- うま味調味料…小さじ½
- 塩、こしょう…お好み

作り方

1 しめじは根元を切り、さっと茹でて水気を切る。白ねぎはみじん切りにする。

2 白ねぎとaを先に混ぜておいてから、しめじを加えてよく混ぜる。

ぼっちのつぶやき
ねぎ塩だれとしめじの風味がめっちゃ合います!

天かす
えらい！

すぐ作れるしすぐなくなる

赤たぬき奴

材料

絹ごし豆腐…½丁

a
- キムチ…お好み
- 天かす…お好み
- 麺つゆ…大さじ1

青ねぎ（小口切り）…お好み

作り方

1 豆腐は皿に盛る。

2 **a**を混ぜたものを豆腐にのせ、青ねぎを散らす。

ぼっちのつぶやき

きつねじゃないんかい。

大根おろし売ってるよ

白たぬき奴

材料

- 大根おろし…30g
- a
  - 麺つゆ…大さじ1
  - 天かす…小さじ1
- 絹ごし豆腐…$\frac{1}{2}$丁
- 青ねぎ（小口切り）…お好み

作り方

1 鍋に**a**を入れ、温かくなるまで加熱する。

2 豆腐の上に**1**をかけ、青ねぎを散らす。

ぼっちのつぶやき

揚げない揚げ出し豆腐みたいで美味。赤たぬきの対。

10 min.

1丁でも食べられるわ

もう見てるだけで
お酒呑めるわ

卵黄くずして食べて

かいわれ 卵黄のせ冷奴

材料

かいわれ大根…½パック
絹ごし豆腐…½丁
卵黄…1個分
焼肉のたれ…お好み
白ごま…お好み

作り方

1 かいわれは根を切り、三等分くらいの長さに切る。
2 皿に豆腐を盛り、かいわれをのせて中央に卵黄をのせる。
3 焼肉のたれ、白ごまをかける。

ぼっちのつぶやき

激烈に簡単なんですけど本当においしい。食感最高。

5 min.

かわいいつまみで
酒呑みます

生はんぺんがもちもち

はんぺんの明太クリームチーズサンド

材料

明太子…20g
クリームチーズ…40g
はんぺん…1枚
大葉…2枚

作り方

1 明太子は皮を取り除いてほぐし、クリームチーズと和える。

2 はんぺんは横半分に切り、大葉と**1**を挟む。

3 **2**を正方形にカットして爪楊枝を刺す。

ぼっちのつぶやき

おしゃれに見えますけど、真夏に火を使いたくないときの逃げ道レシピですやん。

ちくわ無限レシピ

ちくわとキムチのごまマヨ和え

材料

ちくわ…2本
マヨネーズ…大さじ1
キムチ…50g
白ごま…お好み

作り方

1 ちくわは輪切りにする。
2 マヨネーズ、キムチと和えて、白ごまをかける。

ぼっちのつぶやき

料理が面倒なときのつまみ。MAXやる気ないときは、ちくわ丸かじりやで。

5 min.

いつでもすぐ作れる

チーちくと大葉の明太和え

材料

チーちく®…1パック
大葉…2枚
明太子…20g
マヨネーズ…大さじ1

作り方

1 チーちくは輪切りに、大葉は千切りにする。
2 明太子は皮を取り除いてほぐし、マヨネーズと和える。
3 すべてをよく混ぜる。

ぼっちのつぶやき

好きすぎて動画でも何回も登場してる気がする。ほんましょっちゅう作っちゃう。

5 min.

日本酒グビグビ
和えてるだけですわ

これもう
お好み焼きでしょ

炙りチーズがこんがり

ちくわのチーズ お好み焼き風

材料

- ちくわ…2本
- オリーブオイル…小さじ1
- 紅生姜（みじん切り）…10g
- とろけるスライスチーズ…1枚
- お好みソース、青海苔…お好み

作り方

1. ちくわを縦半分に切る。スキレットにオリーブオイルをひき、カリッとするまで両面を焼く。
2. 1の上に紅生姜とチーズをのせる。
3. バーナーでチーズを炙り、ソースと青海苔をかける。

ぼっちのつぶやき

関西人的にはやっぱお好みソースがオススメ。マヨもかけるとさらに幸せ。

15 min.

じゅわーっとなるくらいで火を止めて

薄揚げのコチュジャン煮

材料

薄揚げ…1枚
白ねぎ…15cm
ごま油…小さじ½
水…100mℓ

a
にんにく（すりおろし）…1片
コチュジャン…大さじ1
味噌…大さじ1
みりん…小さじ1

作り方

1 薄揚げは細く切り、白ねぎは斜めに切る。

2 フライパンにごま油をひき、薄揚げと白ねぎを軽く炒める。ねぎがしんなりしてきたら、水を加える。

3 aを加え、3分ほど煮る。

ぼっちのつぶやき

厚揚げで作ってもおいしい。その場合は調味料ちょっと増やしてや。

15 min.

ほっとする味〜

一枚では足りん

しっかり炒めて

カリカリ薄揚げ
カレースティック

材料

薄揚げ…１枚
カレー粉…小さじ½
塩…お好み

作り方

1 薄揚げは細く切り、フライパンで焼く。カリッときつね色になるくらいが目安。

2 カレー粉と塩を振り、まぶす。

ぼっちのつぶやき

できあがったらカリカリのうちにすぐ食べるのがオススメ！　一瞬で消えるけどね（胃の中に）。

15 min.

明太多めかマヨ多めどっち好き？

厚揚げの明太大葉ホットサンド

材料

厚揚げ…1丁
明太子…お好み
（多めがおいしい）
マヨネーズ…大さじ1
大葉…2枚

作り方

1 厚揚げはまんなかに切り込みを入れる。

2 明太子は皮を取り除いてほぐし、マヨネーズと和える。

3 **1**のポケットの中に**2**と大葉を詰め、ホットサンドメーカーでぎゅっとプレスしながら、カリカリになるまで焼く。

ぼっちのつぶやき
プレスすると厚揚げつぶれるけど全然OK！カリカリ上等。

ソースとキムチ相性いいの

カリカリキムチチーズ厚揚げ

材料

厚揚げ … ½丁
キムチ … 30g
シュレッドチーズ … 1枚
中濃ソース … お好み

作り方

1 スキレットを温め、厚揚げを焼く。

2 表面がカリカリになってきたら、キムチ、チーズの順にのせ、チーズをバーナーで炙ってこんがりさせる。

3 食べるときにソースをかける。

ぼっちのつぶやき

キムチとソースの仲人はとろけるチーズ。

「真冬のキャンプ」

ぼっち漫画・3

コンビニ・チーズの一品。

コンビニでパッと買える
食材使ったおつまみなど。
買い出し行けなかったときとか、
ちょっとつまみ足んないなってときの
重宝レシピ。
火使わないレシピもあるから、
設営に時間かかっちゃったときにもいいよね。
あとチーズもね。

とろっとなったらたれ完成

みたらしモッツァレラ

材料

しょうゆ…大さじ2
砂糖…大さじ1
片栗粉…小さじ1
水…25㎖
モッツァレラチーズ
（一口サイズ）…9個

作り方

1 シェラカップにしょうゆと砂糖を入れ、加熱する。

2 別の容器に片栗粉を入れ、水で溶く。**1**が沸騰したら、水溶き片栗粉を投入。

3 とろみがついてきて透明になるまで、混ぜながら加熱してたれを作る。

4 モッツァレラチーズに爪楊枝を刺し、たれをからめる。

ぼっちのつぶやき

すんごい思いつきで作ったら思いのほかおいしかったやつ。

10 min.

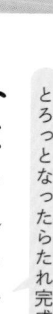

さっと焼くのがオススメ

焼きアボカドのチーズのせ

材料

アボカド…½個
にんにく…½片
オリーブオイル
…大さじ1
塩、こしょう…適量
とろけるスライスチーズ
…1枚
ケチャップ…お好み

作り方

1 アボカドは皮をむき、くし切りにする

2 スキレットでオリーブオイルを熱し、みじん切りにしたにんにくを炒める。香りが出たら、アボカドを両面焼き、塩、こしょうを振る。

3 チーズをのせてバーナーで炙り、お好みでケチャップをかける。

ぼっちのつぶやき

買ったアボカド固っ！て絶望したときにオススメのレシピです。

いちばん簡単かなー
これ
こっちは置く時間があるときのねちねち系

混ぜたらできあがり！

柚子こしょう味噌クリームチーズ

材料

クリームチーズ…50g
柚子こしょう…お好み
白味噌（液体）…小さじ1

作り方

1 クリームチーズに柚子こしょう、白味噌を加えて練る。

ぼっちのつぶやき

最速つまみ。あえて和風に。箸でねちねち食べる系。

5 min.

ちょっと置くともっちりする

ドライフルーツとクリームチーズ

材料

クリームチーズ…50g
お好みのドライフルーツ（レーズン・マンゴーなど）…20g
黒こしょう…お好み

作り方

1 クリームチーズにお好みのドライフルーツを刻んで入れ、よく練る。

2 1時間くらい置き、ドライフルーツがチーズの水分を吸ったらできあがり。黒こしょうをかけても美味。

ぼっちのつぶやき

ナッツを入れてもおいしいんだけど、待って、どの動画で作ったかマジで忘れた。

65 min.

濃厚な
コクを感じる

チーズはこんがり焦がして

サバ味噌煮缶のガーリックチーズ焼き

材料

サバの味噌煮缶（煮汁も使う）…1缶
にんにく（みじん切り）…1片
赤唐辛子…お好み（半分に切ってタネを取る）
とろけるスライスチーズ…1枚

作り方

1 シェラカップに、汁ごとサバ缶を出す。にんにくと赤唐辛子を加え、加熱する。
2 チーズをのせ、表面をバーナーで炙る。

ぼっちのつぶやき
バゲットにのせてもおいしい。パン消滅レシピ。

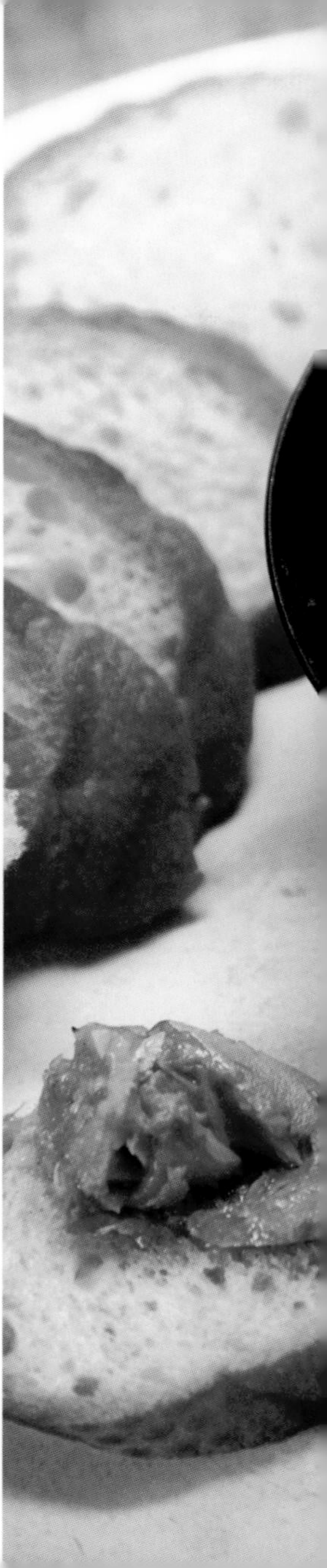

とろっとするまでなすを焼いて

なすとコンビーフの鉄板おつまみ

材料

- なす…1本
- コンビーフ…½缶
- a
  - 白味噌（液体）…大さじ1
  - マヨネーズ…小さじ1
- サラダ油…大さじ1
- 青ねぎ（小口切り）…お好み

作り方

1 なすはヘタを取り、縦にスライスする。

2 **a**はよく混ぜる。

3 鉄板を熱して油をひき、なすを放射線状に並べて両面焼く。

4 焼けたら、なすに**2**をスプーンでのせる。青ねぎを散らす。

ぼっちのつぶやき

コンビーフ好きの撮影スタッフ（超酒呑み）が食べて悶絶してました。最強。

15 min.

これくるっと
巻いて食べや〜

オイリーだけどさっぱりに

サバ缶とレモンのアヒージョ

材料

- 玉ねぎ…1/4個
- にんにく…1片
- オリーブオイル…大さじ3
- a
  - サバの水煮缶（煮汁も使う）…1缶
  - 赤唐辛子…1本
  - しょうゆ…大さじ1
- レモン（くし切り）…1切れ
- 黒こしょう…お好み
- レモン…飾り用お好み

作り方

1. 玉ねぎとにんにくはスライスする。
2. スキレットにオリーブオイルとにんにくを入れて火にかけ、香りを出す。
3. 玉ねぎを加えて炒め、しんなりしたら**a**を加える。ぐつぐつしてきたら、レモンを搾り、黒こしょうをかける。

ぼっちのつぶやき

油すくなめアヒージョ。白ワインぐびぐび。

15 min.

ちょいすっぱー！
がいい

たまごはしっかりめに焼いて

コンビーフとポテサラのスパニッシュオムレツ

材料

たまご…2個
ポテサラ（市販）…50g
コンビーフ…1/3缶
黒こしょう…お好み
サラダ油…大さじ1
ケチャップ…お好み

作り方

1 たまごは溶きほぐし、ポテサラとコンビーフ、黒こしょうを加えてよく混ぜる。

2 フライパンに油をひき、**1**を流し入れる。かき混ぜながら固まるまで両面焼く。

3 ケチャップをかける。

ぼっちのつぶやき

ポテサラはコンビニ調達でよし。なんかこれ朝も食べたいわ。

15 min.

たれでも塩でも

やきとり缶とアボカドのおつまみ

材料

アボカド…½個
やきとり缶…1缶
ごま油…小さじ1
白ごま…適量

作り方

1 アボカドは皮をむき、サイコロ状に切る。

2 やきとり缶（汁ごと）と**1**、ごま油を混ぜる。白ごまを振る。

ぼっちのつぶやき

やきとり缶を温めてから作ってもおいしい！

冷やして食べるのがうまい

着いたらすぐ作っといて！

ピリ辛砂肝の冷製

材料

コンビニ砂肝…1パック
にら…½束
にんにく…1片

a
- 赤唐辛子（輪切り）…1本
- ポン酢…大さじ1
- ごま油…小さじ1

糸唐辛子…適量

作り方

1 砂肝は食べやすい大きさに切り、にらは大きめのみじん切り、にんにくはスライスする。

2 保存袋に**1**と**a**を入れ（**A**）、冷蔵庫で一晩寝かせる。

3 器に盛り、糸唐辛子をのせる。

ぼっちのつぶやき

家で漬け込んで持っていく系おつまみ。キャンプは前夜からはじまっている…。

A

さっぱりしたいときのおつまみ

〆サバガリたく

材料

〆サバ…半身分
生姜の甘酢漬け…30g
たくあん…3枚
オリーブオイル、黒こしょう…お好み

作り方

1 〆サバは好みの厚さにスライス、生姜の甘酢漬けとたくあんは千切りにする。

2 **1**を混ぜて皿に盛り、オリーブオイルと黒こしょうをかける。

ぼっちのつぶやき

何なんってくらいマリアージュすごいから騙されたと思って作ってみて。

カリッと揚がるとうれしい

ししゃもの天ぷら

材料

天ぷら粉…40g
呑んでたビールか水…60mℓ
ししゃも…6本
サラダ油…適量

作り方

1 天ぷら粉とビールまたは水を混ぜて衣を作る。
2 ししゃもに衣をつけ（A）、180℃に熱した油で揚げる。

ぼっちのつぶやき

ししゃもって天ぷらにするとおいしいんです！ 知ってました？

メスティンに
ギリ入る！

誰が
おでん揚げようと
思ったん？

ビールの分量調節しつつね

コンビニおでんの天ぷら

材料

コンビニおでん(A)
(大根、たまごなど)…お好み
天ぷら粉…大さじ5
呑んでたビールか水
…50㎖
サラダ油…適量

作り方

1 キッチンペーパーでおでんの水分をしっかり吸い取る(B)。おでんが大きすぎる場合は、半分にカット。

2 天ぷら粉とビールまたは水を混ぜて衣を作る。衣は少し固めに作り、おでんを串に刺して衣をまぶす。

3 180℃に熱した油で揚げる。

A

B

ぼっちのつぶやき

火が通ってる食材なので、衣が揚がればOK。たまごは半分にカットしたほうが揚げやすい。水分は『しっかり』取ろうね。でないと地獄を見るであろう。

ふわっと香る昆布が好き

前日準備が功を奏す

豆腐とアスパラの昆布〆

材料

木綿豆腐…½丁
塩…小さじ2
アスパラ…2本
昆布…適量
酒…小さじ1
柚子こしょう…適量

作り方

1 豆腐は水気を拭いて、塩小さじ1をまんべんなくまぶす。

2 アスパラは、硬いところを切り落とし、残りの塩を入れたお湯で茹でる。

3 昆布は、酒を含ませたキッチンペーパーで拭く。

4 **1**と**2**を**3**で巻き、ラップでぴっちり包んで（**A・B・C**）冷蔵庫で一晩寝かせる。食べるときに豆腐に柚子こしょうをのせる。

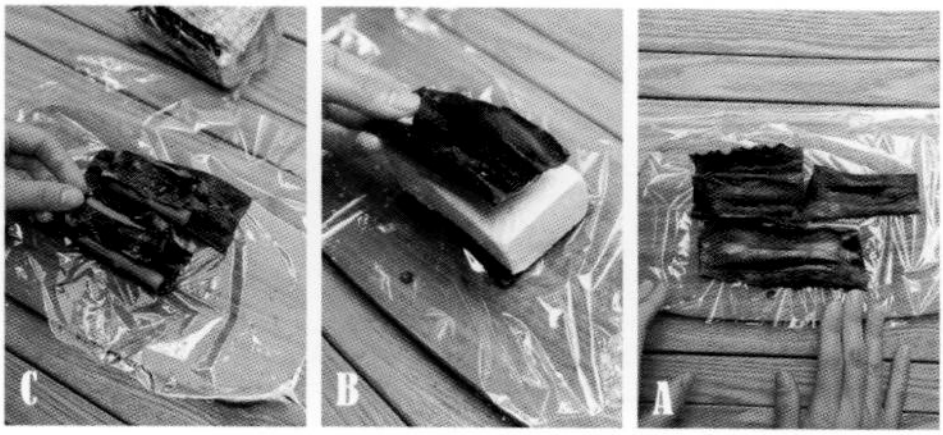

ぼっちのつぶやき

そのままキャンプ場へ持っていき、豆腐をカットしていただきまーす。昆布は利尻昆布がオススメ。冷蔵庫にあまりがちなイクラをのせるときれいです（ねーよ）。

手作りスナック

残り昆布のチップス

材料

前のページの昆布〆で使った昆布…適量
オリーブオイル…大さじ3
塩、黒こしょう…お好み

作り方

1 昆布は小さめに切る。
2 フライパンにオリーブオイルをひき、パリパリに揚げ焼きする。
3 仕上げに塩、黒こしょうを振る。

ぼっちのつぶやき
実はこの写真、Take2なんよ。1回焦がしたんですわ。

15 min.

寝かすからおいしくなる

冷やしトマトの白だし漬け

材料

トマト…1個
塩…ひとつまみ
白だし…50mℓ
大葉（千切り）…1枚

作り方

1 トマトはスライスし、塩を振る。

2 保存袋にトマトと白だしを入れ（A）、冷蔵庫で一晩寝かせる。

3 皿に盛り、大葉をのせる。

ぼっちのつぶやき

おだし味の冷やしトマト。マヨかけてもおいしいよ。

じゃこが
いい味出してる

片栗粉だけで揚げられる

キムチとじゃこのひとくち唐揚げ

材料

キムチ…１００ｇ
じゃこ…30ｇ
片栗粉…大さじ3
サラダ油…適量

作り方

1 キムチは刻み、じゃこと混ぜる。

2 **1**に片栗粉大さじ2を加えて混ぜる（キムチの汁も少し加える）。

3 油を１８０℃に熱し、揚げる直前に残りの片栗粉を**2**にさっくりと混ぜる。白い部分が残っててＯＫ（**A**）。

4 スプーンで一口サイズにすくい、かき揚げの要領でさっと揚げる（**B**）。

ぼっちのつぶやき

多少焦げても香ばしくておいしい。焦げはうま味。知らんけど（関西人）。

ラー油多めでもいいかもしんない

サラダチキン棒棒鶏《バンバンジー》

材料

サラダチキン…1パック
サラダ（コンビニの）…1パック
ごまドレッシング…適量

a
生姜（すりおろし）、にんにく（すりおろし）、ラー油…お好み

作り方

1 サラダチキンは手でさく。
2 皿にサラダを盛り、1をのせる。
3 ごまドレッシングにaを加えて混ぜ、2にかける。

ぼっちのつぶやき
ぜんぶコンビニで揃うシリーズ。筋トレのお供にもよさそうやん。

5 min.

さっぱり味で
昼呑みにもいい

納豆よく混ぜてー

マグたく納豆

材料

たくあん…30g
納豆（たれも）…1パック
マグロ（ねぎとろ用）…50g
青ねぎ（小口切り）…お好み
しょうゆ、わさび…お好み

作り方

1. たくあんは千切りにし、納豆は付属のたれを入れて混ぜる。
2. 少し深めの皿にマグロと**1**を盛る。
3. 青ねぎを散らし、しょうゆとわさびで食べる。

ぽっちのつぶやき

これ、料理…？　しょうゆとわさびぶっかけて、混ぜながら食べてや。

5 min.

生姜多めでもええねん

ぼっち流かくやのこうこ

材料

白菜の漬物…適量

a
- 生姜（すりおろし）…1片
- しょうゆ…小さじ½
- ごま油…少々

作り方

1 漬物は汁気をしっかり搾り、細かく刻む。

2 **a**を加えて混ぜる。

ぼっちのつぶやき

本来は漬かりすぎたぬか漬け向けのレシピ。名前は落語からきてるんやで。

「帰っても」

腹ごしらえ。

おなかすいた〜！ってときに
作ってほしいレシピ。
ごはんモノは〆に作ることが多いけど、
なんかその後もだらだら呑んでたり。
またねちねち系のあてに戻ったり。
そういうのがほんまキャンプの好きなとこ。
呑みながら最後アサリのスープ
作って寝てや！

たまご分けるの割愛しない！

究極のTKG《たまごかけごはん》改

材料

炊いたごはん…1膳分
たまご…1個
塩昆布…お好み

作り方

1 ごはんを盛る。

2 たまごは黄身と白身にわけ、白身と塩昆布を先にごはんに加え、しっかり混ぜる（**A**・**B**）。

3 卵黄をまんなかにのせる。

ぼっちのつぶやき

卵黄を崩しつつ食べよう。レシピ名のせいで頭にサイヤ人がちらつく。

白身
先混ぜとくと
もっちり〜

ホタテあまってる？
あまらしといて〜

べっこう漬けとセットで作って

ホタテの漬け茶漬け

材料

炊いたごはん…1膳分
ホタテのべっこう漬け（P59参照）のあまり…適量
あの松茸のお吸いものの素…1袋
熱湯…適量
大葉…1枚

作り方

1 ごはんの上にべっこう漬けをのせる。お吸いものの素は熱湯で溶く。

2 大葉をちぎって**1**にのせ、上からお吸いものを回しかける。

ぼっちのつぶやき

白ごまを振ってわさび入れてもおいしい。ホタテと松茸、意外と喧嘩しない名コンビ誕生。

〆だけど
〆られるかな？

麺つゆでさっと作れる

簡単牛丼

材料

玉ねぎ…¼個
サラダ油…小さじ1
牛こま肉…100g
麺つゆ（希釈用）…大さじ3
水…200㎖
炊いたごはん…1膳分
紅生姜…お好み
たまご…1個

作り方

1 玉ねぎはスライスする。

2 シェラカップに油をひき、牛肉と玉ねぎを軽く炒めたら、麺つゆと水を入れて、沸騰させる。

3 火が通ったら、ごはんの上にのせ、お好みで紅生姜を添える。たまごを混ぜて食べる。

ぼっちのつぶやき

高い肉使わんでもいい。ソトで食べたらぜんぶA5肉。

ドリアって
感じのね

とろーりとチーズ炙って

焼きカレー

材料

レトルトごはん…1パック
レトルトカレー…1袋
たまご…1個
チーズ…50g

作り方

1 スキレットにレトルトごはんとレトルトカレーを入れ、混ぜる。

2 スキレットを火にかけ、カレーが温まったら中央をくぼませて、たまごを割り入れる（A）。

3 その上からチーズをかけて、バーナーで炙る。

A

ぼ

ぼっちのつぶやき

めっちゃ簡単。洗い物がけっこう地獄。

20 min.

こってり
濃厚〜

オイスターソースが決め手

豚キムチうどん

材料

豚バラ肉（スライス）…50g
ごま油…小さじ1
キムチ…30g
茹でうどん…1玉
オイスターソース…小さじ1

作り方

1 豚肉は一口サイズに切る。
2 フライパンにごま油をひき、豚肉とキムチを炒める。
3 豚肉の色が変わったらうどん投入（A）。オイスターソースも入れて炒める。

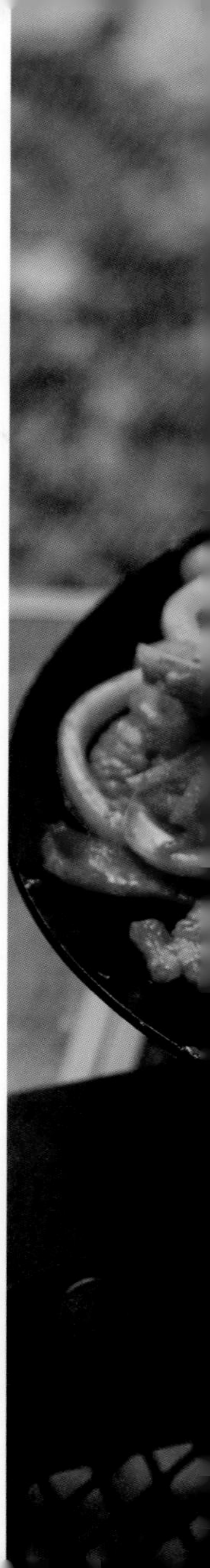

ぼっちのつぶやき

炭水化物のくせにいい…！　こんなん酒呑んじゃう。

包丁いらんで

ぼっち流 オイスター焼きそば

材料

- キャベツ…2枚
- サラダ油…大さじ1
- 豚こま肉…20g
- 焼きそば麺…1袋
- オイスターソース…大さじ1
- しょうゆ…小さじ1
- 天かす…適量
- 青海苔…お好み

作り方

1 キャベツは手でちぎる。

2 フライパンに油をひき、豚肉を炒める。その横に麺を投入、豚肉のうま味を吸わせつつ、麺を焼く。

3 **1**を加え、オイスターソースを入れて炒める。

4 最後に強火にし、フライパンの縁からしょうゆを回し入れ、しょうゆの香ばしさを麺にからめる。天かすと青海苔をかける。

ぼ

ぼっちのつぶやき

包丁使う気0焼きそば。オイスターソースが決め手。

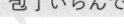

焦がした
しょうゆも
うまいねん

メスティンで一気に

ワンポット たまごとじにゅうめん

材料

しいたけ…1枚
たまご…1個
白だし…大さじ2
水…400mℓ
そうめん…1人前
青ねぎ（小口切り）…お好み

作り方

1 しいたけはスライスし、たまごは溶きほぐす。

2 メスティンに白だしと水を入れて沸騰させ、しいたけ、折ったそうめんを投入。

3 そうめんの茹で時間の少し前になったら、溶きたまごを流し入れ、たまごがふわっと浮いてきたら火を消して蓋をし、蒸らす。

4 青ねぎをのせる。

ぽっちのつぶやき

そうめん別茹でとか面倒くさすぎん？　一気にいったれ！

たまご
ふわふわ

これ
必需レシピやから

砂抜きしたやつも売ってるよ

二日酔いに！アサリと生姜のスープ

材料

アサリ…100g

a
- 水…400mℓ
- 白だし…大さじ2
- 塩…ひとつまみ

生姜（すりおろし）…1片

青ねぎ（小口切り）…お好み

作り方

1 シェラカップにアサリと塩水（分量外）を入れ（A）、蓋をして砂抜きする。

2 大きめのシェラカップにアサリとaを入れ、火にかける。

3 アサリの殻が開いたら、生姜を投入。青ねぎを散らす。

ぼっちのつぶやき

夜作っておくと、翌朝の生存率が50％上がります。二日酔いに怯える人生。

A

「レアキャラ」

女ひとりなので
人混みは
避けたい……
ボロッ
うむ
炊事場
ここを
拠点とする
!!
じゅー
今宵も
ひとり
居酒屋
〜〜♪
ワイワイ
…?
こっち
えっ ここが
メイン の
炊事場!?
えっ
揚げもの!?
すご〜〜
ワイ
ワイ
へーっ!!
何してる
のー?
美味し
そ〜〜
……
じっ……
わしゃ
動物園の
パンダか
…?
じー

おわりに

ここまで読んでくださいました酔い子のみなさま、ありがとうございます。

いかがでしたでしょうか？

みなさまの酒呑みライフが捗るような、そんなレシピがありましたか？

わたし自身自他共に認める大酒呑みで、日がな一日つまみのことを考えてるときもしばしば（仕事しろ）。

そんなただの趣味でしかなかった酒とつまみとキャンプへの情熱が、書籍として形を成すこと、一緒に作り上げてくださる方がいらっしゃること、そしてそれを応援してくださる酔い子のみなさまがいらっしゃることを心の底から光栄に思います。


わたしの好奇心と試行錯誤から生まれたちょっとしたおつまみで、みなさまの晩酌がいつもより少しだけ楽しくなったり、会話が弾んだりしてるといいなぁ。

そういうシーンを想像しあてにしつつ、今日もわたしは酔いお酒を呑もうと思います。


最後になりましたが、この本を刊行するにあたってご協力いただきましたスタッフのみなさま、いつも応援してくださる酔い子のみなさま、この本の刊行に関わっていただいたすべてのみなさまに深く御礼申し上げます。

本当にありがとうございます。

これからも今まで通り、ゆるく楽しくソト呑みを楽しみつつ、その様子をみなさまにお届けできればと思っております。

それではみなさまお疲れ様でした！

また次回のキャンプで！

２０２３年７月吉日
ぼっち女ｃａｍｐ

YouTube連動企画

酔い子Q&A

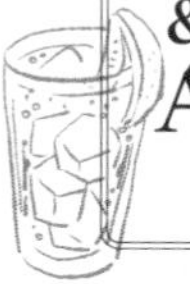

Q1 クッカー、調味料をうまく使い回すコツを教えて。(ともみん)

A1 前菜からメインまでひとつのコース料理と捉えると系統が揃いやすいです。使い終わったクッカーはアルコールウェットでさっと拭き上げて、揚げ物・焦げ系の料理は一番最後に回すと効率良し!

Q2 必ず持っていく調味料と入れ物を教えて下さい。(nekoko)

A2 塩コショウ・醤油・砂糖・みりん。酒はだいたいそのとき飲んでるものを料理にぶち込むので持ち物に入ってません(笑)。バイクなら100均の調味料ケースに小分け、車のときはそのまま持っていくことが多いですね。

Q3 料理のレシピを思いつくのはどういうときが多いですか?(SAY-LA)

A3 居酒屋でおいしいものを食べたとき、スーパーで気になる食材を見かけたとき。あとは食べたい食材が何に合うか仕事中に妄想してます(仕事しろ)。

Q4 ソト呑み史上、最高の組み合わせだった酒と肴を教えて下さい。(Elen Uegaki)

A4 真夏に初めてのバイクソロキャンで、琵琶湖で食べた冷やしトマトまるかじりとキンキンのビール!

Q5 動画外でのキャンプの過ごし方を教えてください!(なぎさ)

A5 普通にぼーーっとしてます。すごいつまらない答えですけどマジでぼー————っとしてます。あと基本ずっと何か食べながらお酒飲んでる。夜時間があまったら映画見たりするときもありますよ!

Q6 キャンプのとき、お酒以外に持っていく飲み物はありますか?(林檎飴は至高)

A6 お茶・水・プロテインドリンクです! あ、コーヒーのドリップバッグもいつも道具箱の中に入ってるな。

Q7 最高に楽しい!と感じた瞬間と、最高に寂しい!と感じた瞬間があれば教えて下さい。(ねこまた)

A7 マジでびっくりすることに寂しいって思ったこと一度もないんですよ。大人数の飲み会も好きだけどお一人さまも好き。一人じゃないとあそこまで料理に没頭できないという……。なのでグループでキャンプするときは殆ど料理しません(笑)。最高に楽しい!と思うのはとことん料理に没頭してるとき。あと揚げ物の仕上がりが最高に良かったとき、一本めのビールのプルタブをひくとき(笑)。

Q8 消灯間際は片付けに追われて、のんびり焚き火とアフターを楽しむ余裕がありません。何かコツはありますか?(皐月さつき)

A8 料理しながら使った調理器具や器は毎回アルコールウェットで拭き上げてから次の作業に移ります。基本使ってそのまま放置しません。夜の炊事場で一人洗い物するのも怖いし、放置すればするほど落とすのにやっかいなものが汚れ。

Q9 1ヶ月に1回はソロキャンプに行きます。ワイドハイターに一晩つけてから洗濯しても洋服につく焚き火の臭いがなかなかとれません。ぼっちさんはどうされてますか?(はず)

A9 最終奥義、臭いを取ることを諦める。もはやその境地におります。冬場のダウンですらキャンプ着と普段着は分けていますね。焚き火する時だけは焚き火ヤッケ(ワークマンとかで売ってますよ)を上に着るなど、煙が直接服に当たらないようにすると少しはマシかもしれません。

Q10 ウイスキーを飲むときにお供に

したい食べ物は？（るんるんるーん）

A10 食事中はハイボールで揚げ物やスペアリブなどの味の濃いもの、食事が終わってからは燻製系食材（チーズ・ナッツ・ベーコンなど）とウイスキーロックを焚き火とちびちび楽しむプランを立てがちです。ウイスキーは意外と甘い系（チョコ・ドライフルーツ系）も合うのでドライフルーツとクリチのレシピ（P110）ぜひお試しあれ。

Q11 化粧品はどうしてますか？ 日焼け対策も含めて教えて欲しいです。（むーさん）

A11 化粧水などはトラベル用の容器に移し替えて持参しています。メイク落としや洗顔はテント内でシート状のものを使い、夜の炊事場で顔は洗いません。紫外線のきつい季節は石鹸で落とせるSPF50の日焼け止めを全身に塗りたくって帽子を深めにかぶってます。それでも焼けるんですけどねー。

Q12 海外でキャンプするならどこでキャンプしたいですか？（やまこ）

A12 ノルウェー！ キャンピングカーで行きたいなぁ〜。湖畔の静かなところでおいしい現地の食材とワインを楽しみたいです。

Q13 今までで1番良かった温泉は？（さとう）

A13 石川県千里浜付近の温泉！ あとは新潟県佐渡島の温泉全般かなー！ どちらもお湯がすごくいいんですよ。入るとお肌がトロッとします。温泉は設備よりお湯の質が好みかどうかを重視する派です。

Q14 好きなYouTuberさんがいたら教えて下さい！（橘二三矢）

A14 きまぐれクックさんとか永遠に見ちゃう。あとはソータローさんとか八丈冒険団さん、キャブヘイさん……。魚捌き系とか釣り、アウトドア系の動画が好きです！

Q15 ぼっち流キャンプ3か条。教えてください！（水玉てんてん）

A15 1、安全第一で
2、他人や自然に優しく
3、徹底的に自分をもてなす

Q16 明日、世界が終わる様です。最後の晩餐の酒と肴を一種類ずつだけ選べるなら何を選びますか？（ターロー麺）

A16 刺身盛り合わせと新潟の地酒！！！！！

Q17 調理器具や食器など繰り返して使いたいときはどの様に綺麗にしているのですか？（mikko）

A17 基本ペーパータオルとアルコールウェットを併用して拭き上げてます。なのでいつもゴミ袋の中はペーパーごみが大半を占めてます。揚げ物の油は空のペットボトルに移すか凝固剤。なんせ水をあまり使いません。冬は寒いしね。

Q18 撤収が全くはかどりません。（どんすけ）

A18 撤収はわたしも嫌いです、帰りたくないから（笑）。でもサッサと撤収して帰り道においしいお土産と酒買って早めに家に帰ればその日の夜キャンプの思い出とお土産を肴にまたおいしいお酒が飲めるので、それをエサにやる気を出しています。

Q19 夕飯の食事撮影を上手に撮りたいです。（kuzzy〈クズィ〉）

A19 光量はLEDランタン2つです！ わたしの撮影は光量でどうにかしているというよりはカメラの性能ありきなので参考になるかはわかりませんが……。iPhoneで薄暗いところの食材をおいしそうに撮影するのは正直難しいかも。

Q20 ぼっちさんにとって、料理とは？（まつじ〈fumofumo1879〉）

A20 欲望です。自分の好きなものを好きなだけ、好きなときに食べたい……。そんな欲望を満たすための行為が料理です。もっともらしいことを言ってますが、単に食い意地オバケなだけです（笑）。

酔い子のみんな、たくさん参加してくれてほんまありがと！

ぼっち女camp
bocchionnacamp

ソト酒料理家。調理師免許保有。酒とつまみをこよなく愛し、ひとりで自由気ままに屋外酒場を開店するYouTube動画が酒好き界隈で話題に。チャンネル登録者数15万人超（2023年6月現在）。ファンの呼び名は「酔い子」。2022年7月『酒とつまみを愉しむ 日本一おいしいソロキャンプ』を刊行。
https://amzn.asia/d/6A9GpZt
YouTube : https://tinyurl.com/2p8e86vn
Instagram : @b_o_camp
Twitter : @bottionnacamp

自分《じぶん》をもてなす至福《しふく》の８８品《はちじゅうはっぴん》
日本一《にほんいち》おいしいソト呑《の》みレシピ

2023年7月13日　初版発行

著者／ぼっち女camp《おんなきゃんぷ》

発行者／山下 直久

発行／株式会社KADOKAWA
〒102-8177　東京都千代田区富士見2-13-3
電話 0570-002-301（ナビダイヤル）

印刷所／大日本印刷株式会社

製本所／大日本印刷株式会社

本書の無断複製（コピー、スキャン、デジタル化等）並びに
無断複製物の譲渡及び配信は、著作権法上での例外を除き禁じられています。
また、本書を代行業者などの第三者に依頼して複製する行為は、
たとえ個人や家庭内での利用であっても一切認められておりません。

●お問い合わせ
https://www.kadokawa.co.jp/（「お問い合わせ」へお進みください）
※内容によっては、お答えできない場合があります。
※サポートは日本国内のみとさせていただきます。
※Japanese text only

定価はカバーに表示してあります。

© bocchionnacamp 2023 Printed in Japan
ISBN 978-4-04-606428-8 C0077